Anarquismo

PARA PRINCIPIANTES

Marcos Mayer • Sanyú

Anarquismo para Principiantes®

Marcos Meyer - Héctor A. Sanguiliano

Diseño: Era Naciente
Corrección: Norma Sosa

Para Principiantes®
es una colección de libros de
Era Naciente SRL
Buenos Aires, Argentina
www.paraprincipiantes.com.ar

Mayer, Marcos Pablo
    Anarquismo para principiantes / Marcos Pablo Mayer y Alberto
Sanguiliano - 1a ed. 3a reimp. - Buenos Aires : Era Naciente, 2014.
    176 p. : il. ; 20x14 cm. (Libros para principiantes dirigida por Juan Carlos
Kreimer)

    1. Ideologías Políticas. I. Sanguiliano, Alberto II. Título
    CDD 320.5

El anarquismo vuelve a vivir

Después de la caída del Muro de Berlín en 1989, la rebeldía ante un mundo injusto encuentra en la tradición anarquista la entrada a un camino que parecía cerrado. El Estado se revela como un enemigo de la libertad. Y los libertarios vuelven a renacer. Ese espíritu antiautoritario dejado por los anarquistas como su legado principal, que se continuó después de la Segunda Guerra Mundial en el campo de la cultura, tiene hoy nuevas formulaciones, tanto en la teoría como en la práctica.

Hay muchos que consideran que el anarquismo es un movimiento propio del siglo XIX, con algunas resonancias en el XX, pero al que la historia pareciera haber superado, tanto en el campo de la doctrina como en el de la práctica política. Sin embargo, hoy parece estar recuperando su antigua fuerza y apareciendo como una alternativa válida para aquellos que no creen que la historia se ha terminado.

Los planteos anarquistas han considerado al Estado como el instrumento primordial de la opresión que los hombres sufrieron a lo largo de la historia y la necesidad de formas de vida más solidarias y libres.

De a poco, los textos libertarios –de Kropotkin, Proudhon, Malatesta– recuperan esa vigencia que parecía perdida en el fondo de los tiempos. Y encuentra nuevas reformulaciones, acordes a los tiempos actuales.

Global versus universal

En el activismo contra la globalización, las diferentes organizaciones anarquistas están jugando un papel preponderante y, ya sea preparando actos contra las multinacionales como usando la red para transmitir mensajes.

En realidad, el lado económico de la globalización consiste, básicamente, en realizar el trabajo donde es más barato (los países del Tercer Mundo) y vender los productos en los lugares donde se concentra la riqueza. En eso, el anarquismo tiene algo que decir.

También los militantes libertarios se dedican a protestas más pequeñas pero no menos efectivas. Por ejemplo, apoyando la autogestión de las fábricas y promoviendo las cooperativas de los trabajadores.

El anarquismo también ha participado activamente en los movimientos okupas y en las marchas por la liberación del consumo de drogas blandas. En resumen, ha redescubierto la necesidad de dar batalla contra la opresión en varios frentes.

El poder en la mira

Aunque nunca se declaró abiertamente anarquista, el filósofo francés Michel Foucault aportó, para estos nuevos tiempos, una concepción diferente del poder, que parece haber sido tomada por estos grupos contestatarios que atacan varios frentes al mismo tiempo.

Para Foucault, el poder no sólo oprime sino que produce saberes y control. Esta presencia del poder como algo que va más allá de la represión lo lleva a plantearse la necesidad de buscar una salida de esta red que está en todas partes. La encuentra en la esfera privada; de alguna manera, lo mismo que planteaban los anarquistas con sus comunidades y federaciones.

Foucault no fue el único pensador contemporáneo en encontrar inspiración en las posturas anarquistas. Incluso algunos buscan en los textos libertarios un punto de partida para pensar la sociedad actual. Es el caso del norteamericano Noam Chomsky, quien se declara abiertamente anarquista.

Chomsky sigue siendo el intelectual más crítico de la política de su país y se ha opuesto con mucha firmeza a las invasiones de los Estados Unidos a Afganistán e Irak.

Red de redes

Estos aportes intelectuales se producen junto con un movimiento más espontáneo de adhesión al anarquismo por parte de grupos que ya no creen que la solución pase por el sistema político actual, y que están desencantados del mundo que los rodea.

El anarquismo ha asociado varias causas a su prédica: la de la ecología, el feminismo, la reclusión en los manicomios y el tratamiento a los presos en las cárceles. Como si hubiera una nueva necesidad de incorporar la complejidad creciente de la sociedad.

De este modo, la historia ata un hilo que parecía definitivamente cortado. El movimiento anarquista, surgido al calor de las luchas sociales del siglo XIX, había sido arrasado por el advenimiento del fascismo y el nazismo y la consolidación del stalinismo que rodearon a la Segunda Guerra Mundial.

El secreto del poder es el dominio total del Estado

Esta construcción de poderes que llegaban a todas las zonas de la vida social arrasó no sólo con millones de vidas, sino también con culturas e ideologías. El anarquismo, que experimentaba hasta entonces un crecimiento notable, cayó en medio de la lucha. Medio siglo después retoma su camino.

Proudhon, el pionero

El acta de fundación del anarquismo es un libro titulado ¿Qué es la propiedad?, publicado en 1841. En esa obra, el francés Joseph Proudhon plantea su oposición a toda relación basada en el beneficio económico, y postula que el contrato social sobre el que se había basado la ideología liberal era una mascarada. De lo que se trata es de preservar la autonomía individual frente a la desigualdad social y las presiones del Estado.

En estas dos célebres frases estaban resumidas y en germen las bases del accionar anarquista. Y su destino. Empieza con Proudhon una búsqueda, tanto para lograr la abolición del Estado como para encontrar nuevas maneras de lograr que la sociedad sea libre.

Proudhon propone las bases de lo que se llamó anarquismo teórico, en el marco de una revuelta popular que recorre toda Europa. Al cumplirse a medias los ideales de la Revolución Francesa de 1789, el pueblo toma las calles, primero en 1830, y más intensamente, en 1848.

La sensación general era que la igualdad seguía siendo una materia pendiente y que el sistema de representación política era un modo de perpetuar las injusticias. En ese clima de descontento, nacen los trabajos de Marx, por un lado, y los de los anarquistas por el otro, como las dos formas que asumirá históricamente la protesta social.

Banqueros sin fortuna

Después de la Revolución de 1848, Proudhon continúa su prédica anarquista en varios periódicos parisinos, donde lanza su plan de establecer un banco que diera a los obreros préstamos a bajo interés y generar así emprendimientos laborales que no dependieran de un patrón.

El llamado mutualismo de Proudhon se reflejaba en el funcionamiento del Banco del Pueblo. Los escasos intereses que se cobraban estaban destinados a cubrir los gastos, pero su ejemplo no alcanzó a difundirse.

Su oposición al gobierno de Luis Bonaparte, pese a que Proudhon llegó a ser diputado, hace que las autoridades lo envíen a prisión por tres años. Allí piensa un plan de gobierno. Por medio de las personas que lo visitan, consigue hacerlo llegar a varios partidos políticos. Pero no logra romper con la indiferencia que el poder siempre reservó a los proyectos anarquistas.

De todos modos, Proudhon sabía que sus intentos estaba condenados al fracaso. Su férrea oposición al sistema de los partidos lo hizo mantener una posición independiente, o vinculada a proyectos aislados, como el del Banco del pueblo.

Proudhon tuvo diferencias con la estrategia revolucionaria de 1848. Pero igualmente mantuvo siempre su oposición al Estado y a cualquier forma de propiedad, fuera ésta privada o colectiva, como planteaban los comunistas.

Muchos han visto, en los planteos de Proudhon, una perspectiva utópica del anarquismo. Como todo pionero, se plantea primero los objetivos y luego trata de encontrar los medios de llevarlos a la práctica. En estos primeros pasos del anarquismo todavía no aparece el tema de la acción política.

A diferencia de otros anarquistas, Proudhon cree que la familia y el matrimonio deben mantenerse tal como se han desarrollado históricamente. Lo mismo plantea respecto de la disciplina.

Ante estos planteos, tan diferentes a la trayectoria anarquista posterior, queda claro que Proudhon no piensa más que en términos de organización política; para decirlo de otro modo, está convencido de que la sociedad debe seguir su rumbo, sin una autoridad externa que interfiera en la esfera privada.

Críticas de Marx

Los planteos de Proudhon empiezan a hacerse populares entre los obreros. Marx –que se reunió con él en París, en 1844– responde a su libro, Filosofía de la miseria, con otro cuyo título lo dice todo, Miseria de la filosofía, donde lanza furibundos ataques contra los postulados anarquistas.

La principal crítica de Marx a Proudhon es su rechazo a la idea de lucha de clases, y a identificar a los obreros como la vanguardia de esa revolución por venir. Para él, Proudhon usa categorías poco claras para interpretar la sociedad y no reconoce los verdaderos actores del cambio. Esta diferencia seguirá en pie por décadas.

Mikhail Bakunin, el camino de la revolución

La aparición en la escena del ruso Mikhail Bakunin marca una nueva etapa de la pelea entre anarquismo y marxismo. Había nacido en la provincia de Tvar, en 1814, y sus padres querían que siguiera la carrera militar. A los tres años de empezar sus estudios ya era oficial.

Al no adaptarse a las exigencias de la vida en un cuartel, Bakunin muy pronto descubrirá otros caminos en el estudio de la filosofía, sobre todo la de Hegel, que es otra de las vertientes, junto con el liberalismo, de la doctrina anarquista.

Poco a poco, sus ideas lo llevan a convertirse en un agitador político. Debe exiliarse, pero su lucha continúa. En 1844, emprende viaje hacia Alemania, donde empieza una intensa actividad política. Aun estando ausente de Rusia, se le quitan los honores aristocráticos y se lo condena a vivir en Siberia.

Al mutualismo de Proudhon, Bakunin le agrega, además de las innovaciones teóricas y doctrinarias, la mística y el fervor revolucionarios. Si para Proudhon la sociedad libertaria es un proyecto, para él es una realidad que es urgente concretar.

El estado opresor

La condena hace que Bakunin elija Francia como destino. Allí mantiene reuniones con Proudhon y con Marx, de quien lo distancia su oposición a la idea de dictadura del proletariado, aunque coincidían en el rechazo a la propiedad privada. Para Bakunin cualquier forma de Estado es opresora.

Estas diferencias marcarán toda la relación entre marxismo y anarquismo. Lenin decía que el "anarquismo es reaccionario", mientras que los libertarios consideraban que no se podía reemplazar una dictadura dirigida por la burguesía por otra que tuviera al proletariado al mando, pues el poder es siempre corruptor.

Estar contra el Estado era, para Bakunin, estar también en contra de la guerra, que era a la larga, la consecuencia de la opresión de una clase por otra y la exportación del conflicto más allá de las fronteras.

La guerra significaba, además, el momento en que el Estado más pesaba sobre la vida de la gente, y para los anarquistas, una forma de defender los intereses de los privilegiados usando el pueblo como carne de cañón. Ese pacifismo político es otra de las marcas que deja Bakunin.

Con votar no alcanza

Bakunin también desconfiaba de la validez de la democracia representativa dada la diferencia de poder entre las clases. El sufragio, tal cual funciona en la sociedad liberal, es una forma de convalidar las estructuras de poder y de hacer que todo siga como está, sin afectar la raíz de la opresión.

Esta posición enfrentó de manera definitiva a los socialistas (quienes creían que el parlamento era un espacio político a conquistar) y a los anarquistas. La diferencia esconde también una actitud: para los socialistas, todo camino hacia el poder es válido; para Bakunin, debe haber una coherencia total entre las ideas y la práctica.

Participando de actos y trabajando en la organización de la militancia anarquista, la carrera revolucionaria de Bakunin se extiende por otros países de Europa: Checoslovaquia, Prusia, Polonia (donde fue recibido como un héroe). En Dresden –Alemania– es puesto preso y deportado finalmente a Rusia.

A pesar de sus constantes exilios, hay en el pensamiento de Bakunin una fuerte vinculación con la situación rusa. En realidad, comenzará su carrera revolucionaria a partir de denunciar lo que pasaba en su país.

La revolución que llegó del frío

Tras pedirle a Bakunin una confesión, el zar le conmuta la pena de muerte a la que había sido condenado por los tribunales alemanes. Estas confesiones, que se conocieron recién en 1912, fueron calificadas por el propio Bakunin, ya fuera de Rusia, como un error imperdonable en un anarquista.

En Siberia, se casa con Antonia Kwiatowska, una mujer hija de un comerciante y veinticinco años menor que él. Muchos biógrafos de Bakunin consideran que la presencia de Antonia fue una mala influencia y que lo alejó de la vida revolucionaria durante el período que vivió en Rusia.

Bakunin se gana la vida, primero, dando clases particulares, y después, como viajante de comercio. La libertad relativa de la que goza le permite retomar en parte sus proyectos revolucionarios.

La misma posibilidad de moverse sin custodia impulsa a Bakunin a hacer planes de fuga, que concreta escapando en barco, primero a Japón y, luego a California, para terminar instalándose en Londres, donde empieza a escribir su obra cumbre, Dios y el Estado.

La conquista de Europa

Fueron doce años de ausencia de Europa, y Bakunin se pone a recuperar el tiempo perdido. Primero se aboca a la lucha por la independencia de Polonia del imperio ruso, pero la expedición fracasa. Entonces encuentra un lugar fértil para sus ideas: Italia.

La Fraternidad es clara en sus planteos: oposición al Estado y a la religión. En 1867, se integra al Congreso por la Paz y la Libertad, de la que participa, entre otros, el poeta Victor Hugo. Allí, Bakunin conoce a Garibaldi, mientras que sus ideas convocan cada vez más a los jóvenes.

Los próximos años pasan entre la agitación y la difusión de las ideas. Pero eso resiente su salud al mismo tiempo que crece su pesimismo ante la derrota de la Comuna de París y las discusiones con Marx. Parte hacia Bologna para participar de la rebelión y, de algún modo, encontrar una muerte digna.

Viaja a Suiza. Su salud empeora. Aumenta demasiado de peso y le cuesta caminar. El asma le dificulta hasta el descanso. Su memoria ya no es la de antes. Estudia filosofía y escucha a Wagner, aunque su gran admirado sigue siendo Beethoven.

El desenlace está próximo. Los médicos le diagnostican una variedad de enfermedades. Ya no puede levantarse y no tiene fuerzas siquiera para comer. Finalmente, muere el 1° de julio de 1876, a las tres de la tarde.

Esa soledad final no será definitiva. Por el contrario, después de su muerte, la obra de Bakunin empieza a expandirse por el mundo y sus ideas conquistan cada vez más adeptos. Se convierte en el pensador emblemático del anarquismo, cuyo valor es reconocido hasta por un adversario tan acérrimo como Marx.

La libertad infinita

Bakunin cree en el progreso del hombre se realiza por etapas, siguiendo en esto, al igual que Marx, las enseñanzas de Hegel y su método dialéctico de tesis, antítesis y síntesis.

La historia consiste en la negación progresiva de la animalidad del hombre.

Basándose en el método de la dialéctica de Hegel –que también es el punto de partida para Marx–, es que Bakunin llega a la conclusión de que la humanidad va a inevitablemente hacia una nueva forma de sociedad.

Otro de los rasgos del pensamiento de Bakunin es su intenso ateísmo, una de las marcas que dejará en el anarquismo posterior, que es furiosamente anticlerical y ejercerá su influencia en Dostoievski, quien retoma el rumbo de sus reflexiones sobre Dios.

El rechazo a cualquier forma de religión, a la que Bakunin consideraba otra de las caras de la opresión, va a conquistar vastos sectores, entre ellos los campesinados español e italiano, de larga tradición anticlerical. En Buenos Aires, por ejemplo, se editó en la década de 1930 El Burro –periódico anticlerical ilustrado– dedicado casi exclusivamente a burlarse de la Iglesia.

Pero, sin dudas, uno de los rasgos salientes de los planteos de Bakunin es su idea de libertad, en nombre de la cual se justifica el accionar anarquista. Nunca se trata de una libertad individual, sino basada en la solidaridad.

Con este planteo, no siempre destacado entre los historiadores del anarquismo, Bakunin funda el accionar político sobre una ética de la solidaridad y propone un concepto de libertad que supera todo individualismo: sólo se es libre en una sociedad libre.

Al plantear la colectivización de los medios de producción, Bakunin se acerca demasiado al comunismo. De allí que haya aclarado esta diferencia. No se trata de imponer la igualdad desde arriba sino que debe ser una decisión de la propia sociedad.

Aquí queda abierta una puerta a la discusión. ¿Hay que esperar hasta que el pueblo tome conciencia por sí mismo o hay que encarar una militancia política? ¿Cuáles son los medios que se debaten y ejecutan en la historia del anarquismo? De la violencia a la propaganda, del sindicalismo a la prescindencia electoral.

Kropotkin,
el príncipe libertario

Mikhail Kropotkin (1842-1921), igual que Bakunin, había nacido en Rusia y pertenecía a la nobleza: ostentaba el título de príncipe. También siguió la carrera militar, pero su primera y verdadera pasión era la geografía, al punto que exploró los fiordos de Finlandia y Suecia para la Sociedad Geográfica Rusa.

De sus años de formación, Kropotkin incorpora un respeto por la ciencia que formará la base de sus planteos políticos. Muy pronto ingresa en la actividad política y sus primeras adhesiones fueron al marxismo. En la Primera Internacional Socialista asistió como marxista pero, terminó del lado del anarquismo y de las ideas de Bakunin.

Asistió, de este modo, a los primeros y duros debates entre socialistas y anarquistas, que parecían coincidir en el enemigo pero no en el método. No es casualidad que un ruso como Kropotkin, del mismo modo que ocurrió con Bakunin, quisiera incorporar el campesinado a las luchas.

Para los marxistas, los sectores del pueblo que no estaban incluidos en la clase obrera integraban el llamado lumpenproletariado. Es decir que su destino era aceptar lo que la clase por naturaleza opuesta al régimen –el proletariado– decidiera en tanto vanguardia política de la Revolución.

La necesidad de todos

Kropotkin sufrió las persecuciones y prisiones de sus antecesores anarquistas y es considerado como uno de los fundadores del anarco-comunismo, con sus propuestas de comunidades y comedores populares.

Este punto es la diferencia fundamental entre Kropotkin y los marxistas, para quienes el lugar social está definido por la posición dentro de las relaciones de producción. Por lo tanto, proponían la consigna "a cada uno según su trabajo". Para el anarquista, no se podía diferenciar qué parte del producto social le correspondía a cada uno, por lo tanto, el único principio justo era asignarle a cada uno lo que necesitara.

Kropotkin adhirió a la Revolución Rusa de 1917, pero muy pronto sus disidencias con Lenin y los bolcheviques lo harían alejarse de la escena política, al punto tal que sus funerales de 1921 son considerados el último acto público anarquista en la Unión Soviética.

Kropotkin trató de mantener un distancia crítica con la Revolución, sin atacarla frontalmente. Creía que no se debía volver atrás, sino acelerar la llegada del comunismo, es decir, acabar lo antes posible con la dictadura del proletariado.

El aporte de Kropotkin a la teoría anarquista es haber intentado fundamentar de manera científica las ideas libertarias y asociarlas a los últimos descubrimientos de su época. Por eso define el anarquismo como una concepción del universo y ya no sólo una reivindicación social.

Con Kropotkin, el anarquismo se vincula, para aceptarlas y discutirlas, con las concepciones científicas de su época. Este gesto tuvo también sus aspectos cuestionables. Kropotkin apoyó a los aliados en la Primera Guerra Mundial, lo que fue muy criticado por Errico Malatesta.

La reivindicación de la ayuda mutua lleva a Kropotkin a plantear al anarquismo como una ética, radicalmente antindividualista. Lo que lo conduce a oponerse al colectivismo de Bakunin. En España fue muy fuerte la discusión entre los seguidores de ambos pensadores.

Finalmente, el proyecto de Kropotkin tendría una realización práctica en Cataluña, hasta el final de la Guerra Civil Española: la concresión mediante un proyecto de vida en comunidad, de la consigna "a cada uno según su capacidad, a cada uno según su necesidad".

Anarquistas hubo siempre

Antes de que se sentaran las bases del anarquismo moderno, hubo otros planteos y utopías que apuntaban a proteger a los hombres de la opresión del Estado. Entre los primeros, se hallan desde los planteos libertarios del taoísmo al separatismo de los estoicos

Los estoicos, y sus antecesores, los cínicos, rechazaban las leyes del hombre y se proponían vivir de acuerdo con la naturaleza. De algún modo, planteaban una rebeldía, sin tomar parte de la vida pública y generando comunidades absolutamente igualitarias.

Los intentos de comunidades independientes del Estado continúan durante toda la Edad Media. Varias sectas religiosas se organizan por fuera de las jerarquías papales y son perseguidos como herejes. Entre ellas, las de los valdenses y los albigenses.

Estas sectas solían organizarse en torno de un maestro y se oponían a la organización jerárquica propuesta por la Iglesia, más allá de refutar algún aspecto del dogma cristiano. Vivían en comunidades y se autogestionaban.

Utopías y buenas intenciones

Con la llegada de la sociedad industrial, son varios los intentos por encontrar soluciones a la creciente explotación del hombre por el hombre. Allí nace el socialismo utópico de Fourier, creador de los falansterios, pequeñas comunidades de autogestión.

**Debemos reemplazar
el gobierno del hombre
por la administración de las cosas.**

Para Fourier, admirador del marqués de Sade, la civilización es el resultado de la represión que destruye lo mejor del ser humano. Sostenía que los falansterios debían adaptarse a las pasiones en lugar de combatirlas. Además, proponía abolir la monogamia.

Desde el marxismo –se debe a Engels la descalificación de Fourier como socialismo utópico–, pero también desde el anarquismo se consideró a los falansterios como una fantasía sin aside-
ros en la realidad y sin posibilidades de ser llevados a la práctica.

De todos modos, los anarquistas, a diferencia de los adeptos al
marxismo, reconocen en los socialistas utópicos a sus antecesores, sobre todo en sus planteos referidos a la necesidad de aten-
der la educación y por su búsqueda de una liberación de los se-
res humanos que vaya más allá de lo puramente económico.

William Goodwin,
un reverendo sin iglesia

Otro antecesor que tuvo mucho peso, sobre todo en Proudhon, fue el inglés William Goodwin, que ya en 1793 había hecho planteos libertarios que recoge en su libro Investigación acerca de la Justicia política.

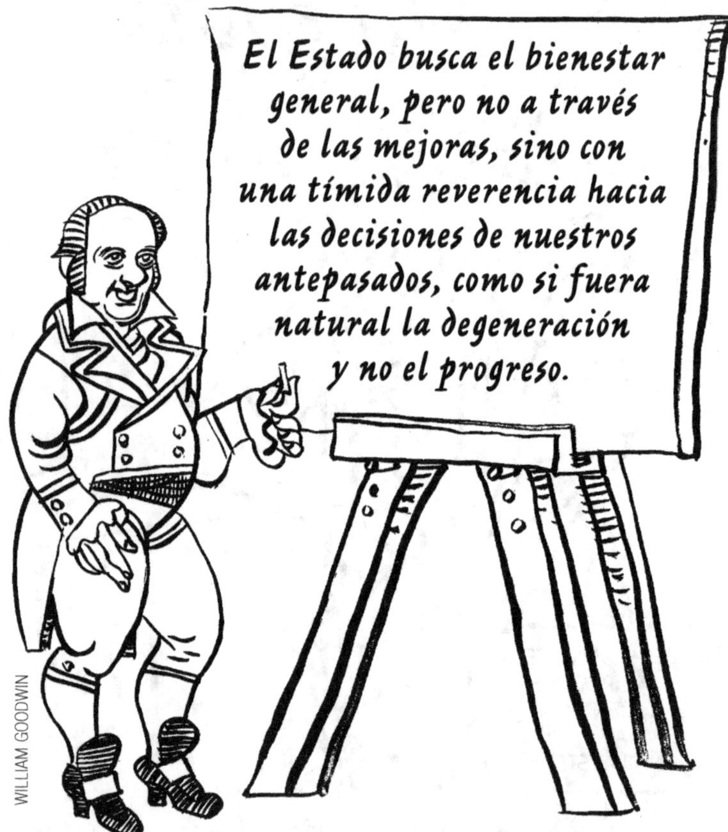

Lo que hace Goodwin es llevar al extremo las posturas liberales, revelando que el anarquismo se propone sincerar lo que en el liberalismo es teórico, es decir, la libertad y la igualdad de derechos. El obstáculo para su cumplimiento es, justamente, el Estado.

A pesar de su actividad eclesiástica, Goodwin se enfrenta con las creencias de la Iglesia. Se trata, evidentemente, de un hombre contradictorio, pues cuando el poeta Shelley huye con su hija, le prohíbe a ambos la entrada en la casa.

La pasión de Goodwin se refleja en estas oposiciones, pero también en su apuesta a la razón como el máximo valor de la humanidad. Decía Kropotkin de él: "Su conclusión era el comunismo, pero no tuvo el valor de mantener sus opiniones".

Las ideas de Goodwin encuentran eco en los medios intelectuales y artísticos, al punto que los poetas ingleses Southey, Coleridge y Woodsworth deciden partir hacia América a construir una sociedad basada en los principios de Goodwin, proyecto que finalmente se frustra.

Esta frecuentación no ayudó, sin embargo, a que su pensamiento fuera tomado como punto de partida por los primeros anarquistas. Bakunin no lo conocía, y sus ideas nunca encontraron –tal vez porque él mismo no lo buscó– un canal para llevarse a la práctica.

Diferencias claras

Sin embargo, Goodwin es el primero en establecer una clara diferencia entre Estado y sociedad, una idea que resultará fundamental en Bakunin y en muchos de los caminos que recorrerán los anarquistas en su militancia.

Serán los anarquistas de las postrimerías del siglo XIX los que incorporarán a Goodwin en la lista de sus antecesores , aunque señalen que, al desconocer la crítica de la economía política, sus planteos de lucha social se quedan en una formulación lúcida, pero que no va más allá de la ética.

Max Stirner
o la revolución por uno mismo

El alemán Max Stirner (1806-1856), cuyo verdadero nombre era Johann Caspar Schmidt es el creador de lo que se conoce como "anarquismo individualista". Es autor del libro El Único y su propiedad.

Son muchos los historiadores anarquistas que rechazan su pertenencia al movimiento. Sin embargo, Stirner –a quienes muchos sindican como nihilista, y cuya influencia fue reconocida por Nietzsche– tuvo gran influencia en los partidarios de la acción violenta.

Para Stirner, de lo que se trata es de atacar todo aquello que se oponga a la voluntad del individuo, y el máximo obstáculo que hay que combatir es el Estado. En él se resumen todas las trabas que impiden el desarrollo de la propia personalidad.

Esta posición lo llevó a rechazar toda acción colectiva y a no reconocer a los obreros como sujetos históricos, aunque fue testigo de su nacimiento y de su consolidación como clase. Su mayor anhelo es permanecer separado de cualquier tipo de vínculo, sea social, económico o político.

Yo y nadie más que yo

Stirner no sólo fue coherente con esta afirmación a rajatablas del Yo –el día de su casamiento hubo que ir a buscarlo a la casa donde jugaba cartas– sino que planteó la forma de una sociedad en la que el individuo se realizara a su antojo, sin ninguna clase de obligaciones con los demás o con cualquier tipo de moral.

Se puede decir que Stirner llevó el narcisismo a categoría filosófica. Pero aun quienes lo critican por esto, le reconocen que llevó al punto más extremo la idea de libertad, aunque sea absolutamente opuesta a la de Bakunin, lo que demuestra que el anarquismo permite la discusión interna y que no se trata de un planteo monolítico.

La hora de la acción

Proudhon, Bakunin y Kropotkin sentaron las bases del ideario anarquista. Su oposición al Estado, a la Iglesia y a toda forma de opresión, ya fuera económica o social, encontraron muy pronto eco en los grupos obreros y campesinos de Europa.

La tarea de propaganda fue intensa y fructífera; en pocos años, se multiplicaron las publicaciones –muchas de ellas efímeras y casi siempre perseguidas por la censura–, las reuniones, y con ellas los adeptos de la ideología libertaria. Pero eso sólo era una parte. La preocupación de Bakunin fue siempre no quedarse en la mera protesta.

El problema era llevar a la práctica estas ideas, dado que el anarquismo se oponía por principio a la idea de un partido político tradicional y a participar de procesos electorales. El propio Proudhon había planteado esta imposibilidad.

De esa negativa a integrarse en la política tradicional y también en la idea marxista de la constitución de un partido del proletariado no sólo produjo grandes discusiones en el seno del anarquismo sino que fue abriendo el camino a varias soluciones alternativas, algunas de una gran creatividad.

La unión hace la fuerza

Entre 1862 y 1864 hubo reuniones entre discípulos de Proudhon y representantes sindicales ingleses de donde surgió la idea de la Asociación Internacional de Trabajadores.

Pero ese intento por coordinar los esfuerzos de todas las fuerzas revolucionarias terminó en un enfrentamiento entre anarquistas y socialistas que resultará histórico y que tendrá secuelas trágicas, como la matanza de los seguidores de Kropotkin por el régimen soviético.

Bakunin considera que los países no centrales –España e Italia–
son los mejores lugares para propagar las ideas anarquistas.
Para eso, envía a Barcelona a un italiano que no habla español
pero de una gran expresividad y una convicción a toda prueba,
Giuseppe Fanelli.

Fanelli demostró una gran capacidad organizativa, al punto que
en pocos años, el movimiento anarquista español no sólo se convirtió en el más numeroso de Europa sino que exportó sus ideas
hacia el continente americano.

Las diferencias entre los anarquistas de Bakunin y el marxismo se profundizaban a medida que se desarrollaba la Internacional, hasta conducir a la ruptura definitiva en 1872.

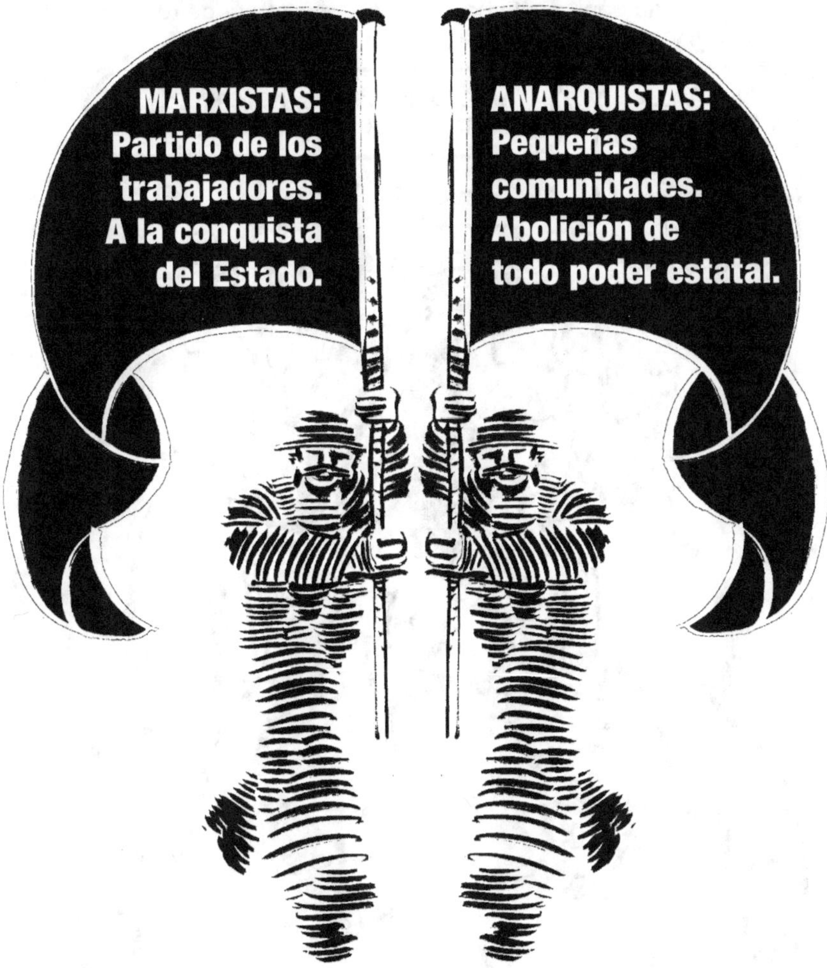

Estas discusiones revelaron no sólo dos estrategias diferentes sino, además, que la idea del anarquismo sobre el poder era incompatible con la del socialismo. Para Bakunin, el poder siempre corrompe y todo hombre, revolucionario o no, si llega al gobierno es un dictador en potencia.

No es ésta una diferencia menor, y sus consecuencias van más
allá de la política e implican una concepción diferente del hombre.
No casualmente, para el anarquismo, el Estado no sólo ejerce el
poder sino que oprime. El hombre únicamente puede realizarse
sin la existencia de la autoridad.

Esta cuestión sigue pendiente después del fracaso del sistema
bolchevique. ¿Se puede ejercer la opresión en nombre de un ideal
revolucionario? ¿Puede fundarse una nueva sociedad sin ningún
aparato estatal?

La herencia anarquista

En la extensa historia libertaria, se fue produciendo un cuerpo de doctrina que permanece como un legado que se va retomando cada vez más intensamente.

Proudhon: "La vida social debe descansar sobre contratos libres celebrados entre los interesados. ¡Libres!"

Para Proudhon, no se trata de un contrato único, como el que proponía Rousseau, sino de la celebración ilimitada de contratos, que respondan a las múltiples necesidades de los individuos.

El contrato no es abstracto, sino concreto. Para decirlo de otro modo, los anarquistas se oponen a la ficción del sistema liberal y arman la sociedad de abajo hacia arriba. Para reemplazar la otra gran ficción, la del Estado, la propuesta anarquista es la de las federaciones.

"Infinitos contratos que se celebran a todos los niveles –individual, profesional, regional, nacional e incluso internacional– que por el hecho de ser tratados libres garantizan la libertad de los individuos."

La fórmula federalista, como lo demostró la experiencia de la Comuna en Francia, sólo funciona cuando es universal. Esto implica sus dificultades. Tolstoi, Bakunin y el mismo Proudhon ya lo habían percibido.

El federalismo, de todos modos, aparece como la única manera de garantizar a la vez justicia y libertad, conceptos que al menos durante la existencia de la Unión Soviética aparecían como contradictorios.

El federalismo era una estrategia de contratos múltiples y permanentes, pero que no definía claramente la cuestión de la organización social.

Como vivir en sociedad

Max Stirner, preocupado por la idea de una sociedad que existe por fuera de nosotros (es decir que es algo que no podemos modificar) y que oprime la voluntad individual, generó la idea de asociación.

Como Stirner no consideraba posible la libertad absoluta del hombre, veía en esta forma de organización una salvaguarda de nuestra identidad, lo que el propio Stirner llamaba la "asociación de los egoístas".

Para Proudhon, desprenderse del Estado plantea el problema de la circulación de bienes. Para enfrentarlo, propone dos caminos: reemplazar el dinero por créditos basados en el trabajo e instaurar cooperativas obreras.

Es lo que se llama mutualismo, que disuelve las jerarquías en relación con el trabajo y con el dinero. Su idea se conserva en las actuales cooperativas y sociedades de socorro mutuo.

El banquete de la vida

Finalmente, Bakunin marca un cambio respecto de Stirner y Proudhon, para quienes el hombre no podía subsistir sin la propiedad. Propone su abolición, porque nació de la injusticia y ayuda a perpetuarla.

El problema social es, para Bakunin, una cuestión de mala distribución de la riqueza, y el comunismo traería todas las soluciones. A su vez, el trabajo se convertirá en algo agradable al no estar los hombres oprimidos ni dependiendo del salario.

Estas soluciones revelan algunas ideas básicas que distinguen el anarquismo de otros movimientos revolucionarios. Fundamentalmente, una concepción totalmente negativa del poder en cualquiera de sus formas.

El poder se alimenta del poder y no puede hacer otra cosa que autoperpetuarse.

Esto lleva a Bakunin, por ejemplo, a invertir la idea marxista de que es la división en clases la que genera el Estado, y verlo a éste como el culpable de toda la desigualdad social. De lo que se trata es de romper el círculo vicioso de la opresión de la mayoría por parte de las minorías.

Ni Dios ni amo

El poder no sólo corrompe al que lo ejerce sino también a quien lo sufre. La elección es clara: ser esclavos o rebeldes, y mientras haya esclavos es a su lado que hay que estar.

Los responsables de ese despotismo son claros: la autoridad, la propiedad y la religión.

El punto de la religión marca otro de los grandes aportes anarquistas. Pensar la idea de Dios como sostén y productor de poder
es una manera distinta al opio de los pueblos de que hablaba
Marx.

Atacar a Dios es plantear liberarse del último amo –como lo plantea Bakunin–, es aspirar a una libertad absoluta que pasa por
reconocer que no hay autoridad más allá del hombre.

León Tolstoi, la paz ante todo

Al mismo tiempo que debate su accionar, el anarquismo va ampliando sus perspectivas. En Rusia, además de Kropotkin, León Tolstoi propone su resistencia no violenta al Estado y a la opresión.

Para el autor de La guerra y la paz, el cambio empieza en uno mismo, y la opresión es una cuestión que debe resolverse, en principio dentro de la propia conciencia. Una opción moral que no se traduce en términos políticos ni en militancia social.

Puede decirse que Tolstoi sigue una línea que tiene más que ver con lo que ha sido el anarquismo como sentimiento –de allí su adhesión a los planteos comunitarios de los primeros cristianos– más que como una continuación de las ideas de Bakunin y Proudhon.

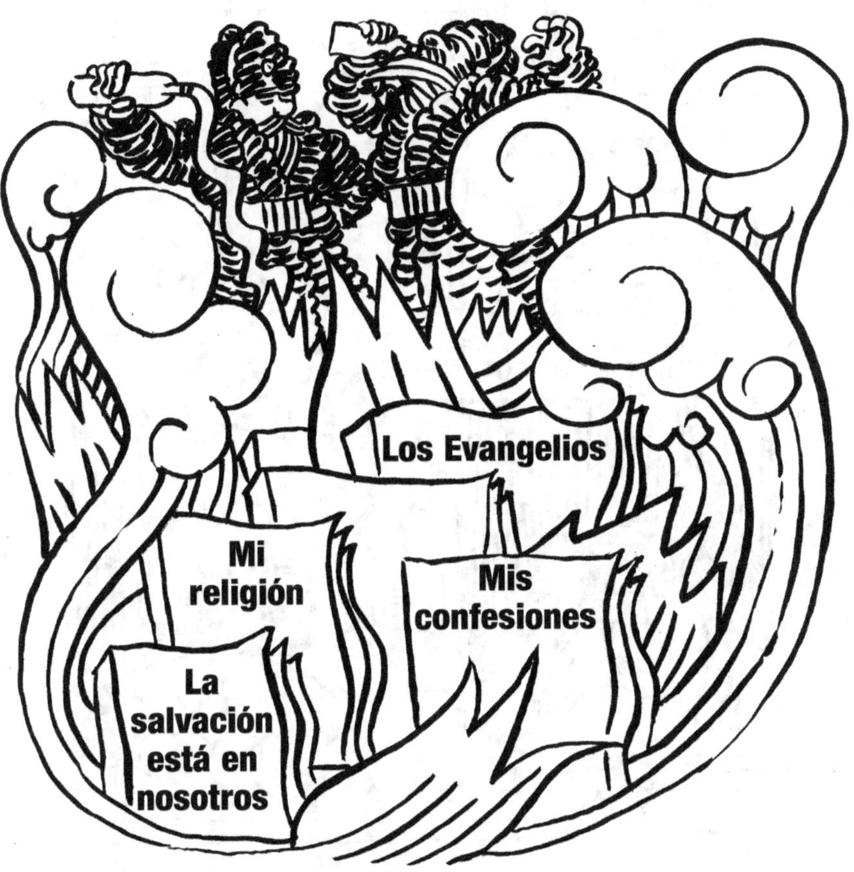

Este escritor ruso, de origen aristocrático, había sufrido una crisis de conciencia que casi lo lleva al suicidio. Una crisis que surgió al comparar su holgada situación económica con la miseria terrible en que vivía su pueblo. Allí es cuando redescubre el cristianismo primitivo y escribe varios libros al respecto que son censurados.

Tolstoi adopta ropas campesinas y se hace su propio calzado. Abandona su casa a los ochenta y dos años. Cae enfermo en tren y finalmente muere en la oficina del jefe de la estación durante un viaje sobre una cama de hierro.

Más allá de que los anarquistas ortodoxos no consideran a Tolstoi como uno de los suyos, él hizo sus aportes, sobre todo en la decisión de sacrificarse para llevar una vida acorde con sus principios y sufrir en carne propia las penurias de su pueblo. Lo de Tolstoi parece un anarquismo práctico antes que teórico, aunque su aporte no se reduce a esto.

La guerra,
pero sobre todo la paz

Para Tolstoi, la existencia del Estado era incompatible con el ejercicio de la doctrina cristiana. La igualdad pregonada por Jesús es pisoteada por la jerarquía política. Esto lo lleva a una forma de anarquismo que algunos han llamado "cristiano".

Para afirmarse en esta posición, propone dejar de aferrarse a "dogmas ininteligibles y, por lo tanto, inútiles" y recuperar las enseñanzas de Cristo, cuya esencia es el Amor, un amor altruista, despojado de todo egoísmo, y cuya acción se prolonga hasta la muerte.

Esta oposición sin concesiones contra toda forma de poder llevó a Tolstoi a condenar también la propiedad y la riqueza a pesar de su origen y su posición, pues provenía de una de las familias mejor posicionadas de Rusia, y en el momento de su conversión era uno de los escritores más famosos de su país.

Pero, en principio, sus enseñanzas no están dirigidas a los oprimidos –quienes ya conocen la situación– sino a ablandar el corazón de los poderosos, a quienes tienen "la vida de los demás en sus manos".

Para enfrentarse con estos males, Tolstoi propone la resistencia pasiva y la objeción de conciencia. En esta actitud muchos han visto un antecedente de la actuación de Gandhi en el proceso de independencia de la India respecto de la corona inglesa.

No cometas nunca algo contrario al amor.
No resistas al mal por la violencia.

Hubo contactos entre ambos hombres. En 1910, Tolstoi le escribe a Gandhi diciéndole que su lucha militante pacifista es "es la más importante de las actividades que se realizan hoy sobre la Tierra".

La paz imposible

Pero no es éste el camino que seguirá el anarquismo en su proceso de expansión. Por una parte, hay una enorme tarea de agitación que se refleja en la permanente aparición de periódicos y publicaciones que difunden las ideas libertarias.

En general, estas publicaciones, que no suelen responder a grupos orgánicos, son de escasa duración y muchas veces víctimas de censura. Pero esta persistencia en el periodismo demuestra el valor que se dio en el anarquismo al debate y la información.

La idea de Tostoi, y también la de muchos anarquistas, es la creación de una nueva sociedad sobre bases distintas. El anarquismo se convierte paulatinamente en una ética de las relaciones humanas basada en la solidaridad y en el rechazo de las imposiciones de la sociedad.

Ésta es una actitud que ya estaba presente en los primeros intentos de Proudhon y su Banco del Pueblo. De lo que se trata es de ir generando, aun en un contexto de opresión, nuevas formas de convivencia, alejadas de todo egoísmo. Un anarquista no divide entre vida pública y conductas privadas.

Anarquistas, a las cosas

Pero son muchos los que no están dispuestos a esperar hasta
que llegue el momento de la liberación final, y entonces empren-
den acciones directas destinadas a sacudir la conciencia del pueblo. Si el enemigo es el poder, hay que ir en contra de él.

La oposición a la idea del convencimiento progresivo abre las
puertas a la llamada acción directa, el uso de la violencia, la con-
creción de atentados aislados, destinados a herir el poder y a generar condiciones prerrevolucionarias. Hay un clima de época
que va a dar pie a estas aventuras.

Errico Malatesta:
desde Italia, la unidad

Italia será el primer lugar donde la lucha política de los anarquistas resulte más intensa. Allí, Errico Malatesta (1858-1932) plantea la necesidad de la organización política y funda, en 1899, el Partido Internacional Socialista Anárquico.

Con su larga militancia, se abre la etapa de expansión del anarquismo, como ya vimos en España, pero también hacia el continente americano. En algunos de sus habituales exilios, Malatesta viajó a la Argentina, donde colaboró en la fundación de lo que habría de ser el movimiento libertario más importante de Sudamérica.

Siendo estudiante de medicina, Malatesta se unió primero al socialismo de la Primera Internacional, donde conoció a Bakunin y adhirió a los postulados del anarquismo. Fue el principal impulsor de la acción directa.

Así, Malatesta pone en marcha toda una serie de estrategias para la difusión de la política libertaria, entre las que se encuentran la expropiación de bienes a los sectores más adinerados, lo que hace que el anarquismo simpatice con ciertos bandidos populares.

El triunfo de la voluntad

Es que Malatesta no cree, como Kropotkin, que el advenimiento del anarquismo sea el resultado de un devenir científico sino que sostiene que, para llegar a concretarse, requiere de la voluntad y la militancia permanente.

Acciones como la militancia permanente apuntan a salir del esquema de los partidos políticos y ser fieles al lema de la Primera Internacional: "la emancipación de los trabajadores debe ser obra de los mismos trabajadores". La apuesta es a la reacción espontánea de los oprimidos por el poder del Estado.

De acuerdo con estas ideas, Malatesta participó de numerosas insurrecciones populares, en España y en Bélgica. De ese modo va incorporando en la práctica la idea del internacionalismo de la causa anarquista.

La estrategia de estas manifestaciones es construir –con ella como vehículo– las alternativas para salir de la situación de opresión e ir estableciendo los lazos que lleven a una sociedad anarquista. No hay un momento de la "revolución" que cambie todo de la noche a la mañana.

Salarios, nunca más

Malatesta fue también el impulsor del llamado "anarquismo comunista", que planteaba la construcción de una sociedad sin clases y que de alguna manera proponía una síntesis con el marxismo, pero sin pasar por la etapa de la dictadura del proletariado.

La solución que ve el italiano pasa por la idea de federación, con la creación de múltiples agrupaciones libres que respeten las tendencias de la población y que se unan para resolver problemas específicos. Malatesta teme al ejercicio del poder y quiere un cambio absoluto de la condición humana.

Con esta política, el anarquismo italiano se convirtió en una fuerza temible para el fascismo italiano. Mussolini mandó a prisión a Malatesta, pero el respeto que sentía por él le impidió ejecutarlo.

No es casual ni este respeto ni esta inquina. Los fascistas sabían que Malatesta era un enemigo poderoso, pero también que su predicamento entre la gente era mucho. Ejecutarlo hubiera significado poner en marcha una serie de protestas que se pretendía evitar.

Malatesta muere en prisión, luego de haber pasado por varios exilios en Francia e Inglaterra, donde continúa con su incansable prédica en favor de la lucha libertaria, pues siempre fue fiel a su idea de que la nueva sociedad no llegaría por sí sola.

ERRICO MALATESTA

Errico Malatesta fue un hombre de acción, por eso dejó sólo escritos dispersos. En uno de ellos habla del amor en la sociedad libertaria y dice: "Eliminemos la explotación del hombre por el hombre; combatamos la pretensión brutal del macho que se cree dueño de la hembra; combatamos los prejuicios religiosos y sociales; aseguremos a todos, hombres, mujeres y niños, el bienestar y la libertad y entonces no quedarán otros males que los del amor".

El anarquismo en España

El segundo país líder en la avanzada anarquista de fines del siglo XIX y primeras décadas del XX fue España, donde campesinos y obreros adhirieron masivamente a las ideas libertarias.

También es en España donde el movimiento anarquista logra perdurar por más tiempo, desde los primeros movimientos de 1868 hasta el final de la Guerra Civil Española, en 1939, donde fueron perseguidos por la furia falangista.

Esa persistencia tiene su origen en la resistencia al poder civil y el furibundo anticlericalismo del pueblo español, que viene sufriendo siglos de explotación de parte de los terratenientes que encontraron en la Iglesia un poderoso aliado.

sta perspectiva ha hecho que muchos estudiosos vieran víncu- s entre el anarquismo y los movimientos milenaristas de fines el siglo XIX, que proponían un regreso al cristianismo primitivo. De todos modos, aunque hay una confluencia, el milenarismo se quedó en enunciados, pero el anarquismo español buscó formas de llevar sus ideas a la práctica.

Curas y soldados

Siguiendo esta tradición, los primeros movimientos anarquistas españoles se hicieron presentes en las zonas rurales de Andalucía, una región en la que se mezclaban los impulsos revolucionarios con las ideologías milenaristas.

Pero muy pronto esa unidad quedó rota y el anticlericalismo pudo más que el respeto por las doctrinas cristianas. El ateísmo quedó como una marca de los libertarios españoles, que en eso continuaron algunas tradiciones liberales peninsulares.

Para combatir este movimiento, la Guardia Civil andaluza alude a
la existencia de una supuesta organización anarquista Mano Ne-
gra cuyo fin era matar a los ricos y poderosos de la zona. Pero, en
realidad, fue una excusa para aplastar los nacientes movimientos
reivindicatorios.

Como suele suceder, el poder propone una confusión entre deli-
to común y acción política. En esto, las autoridades españolas no
fueron demasiado originales. Pero es en España donde la relación entre bandidos rurales y anarquistas se muestra de manera
más intensa.

Es también en España donde se consolida la corriente llamada anarcosindical, que de algún modo recupera el predicamento que habían perdido los anarquistas, que hasta entonces no habían prestado demasiada atención a las cuestiones gremiales.

De este modo, el anarquismo vuelve al camino colectivo después de la época de la propaganda, por el hecho de que el movimiento había abierto a una violencia sin freno, criticada por los propios militantes libertarios. De allí en más, estarán presentes en todas las luchas obreras de principios del siglo XX.

La España de la lucha y de la idea

En 1906, se celebra en Ámsterdam un congreso donde, después de largas discusiones, se acepta que los anarquistas participen de la vida sindical. Malatesta termina adhiriendo a esta nueva forma de lucha.

El anarcosindicalismo español alcanzaría una expansión extraordinaria. La Confederación Nacional del Trabajo –CNT– llegó a reunir un millón de afiliados al comienzo de la Guerra Civil Española.

A consecuencia de sus luchas, los anarquistas españoles fueron brutalmente reprimidos. Desde 1909 se producen rebeliones en Catalonia, fue atacada por tropas coloniales traídas de Marruecos. Francisco Ferrer y Guardia, pedagogo y militante, es arrestado y ejecutado como represalia.

La represión no impide la creciente afiliación de trabajadores al anarcosindicalismo, sino más bien la lucha sin cuartel crea las bases del conflicto que estallará en la Guerra Civil, donde el anarquismo ocupará los primeros puestos del frente contra el franquismo.

Diego Abad de Santillán: la búsqueda del sentido común

El español Diego Abad de Santillán aprendió los principios del anarquismo en un lugar que ya se había vuelto común para los militantes libertarios: la cárcel.

Para no hacer el servicio militar, Santillán viaja a la Argentina, donde el movimiento anarquista era muy fuerte. Desde allí emprenderá viaje hacia Alemania, para volver luego del encuentro con varios revolucionarios.

Ya de regreso, Santillán colabora en la formación de la FORA (Federación Obrera Regional Argentina), uno de los grupos anarquistas más fuertes del continente y protagonista de treinta años de lucha revolucionaria.

La FORA publicó uno de los periódicos más duraderos de la gesta anarquista, La Protesta. Santillán aportará al movimiento anarquista la preocupación por la cuestión sindical, tratando de no caer en una mera lucha reivindicatoria.

En primera fila

Santillán termina de definir algo que ya era germen en la estrategia política de Bakunin: definir el papel de las minorías anarquistas en las diversas luchas emprendidas por los obreros en las primeras décadas del siglo xx para obtener mejores condiciones de trabajo.

Es que a diferencia de Kropotkin, Santillán está convencido de que el pueblo no es por naturaleza anarquista y que los militantes, con su ejemplo, deben convencerlos de sus ideas. El militante anarquista se convierte, como sucederá en la Guerra Civil Española, en héroe y mártir de su causa.

Como resulta evidente, la ética anarquista no es sólo teórica, como podíamos ver en Tolstoi, por ejemplo, sino que el principio de solidaridad se lleva a la lucha. Con esos principios, Santillán vuelve a España en 1931.

En efecto, el exilio le había permitido reflexionar sobre la necesidad de adaptarse a los nuevos tiempos. Ya no son épocas de espontaneísmo: el poder ha señalado al anarquismo con un enemigo de cuidado. Se puede ser optimista, pero no debe dejarse todo librado al azar.

Santillán asume como Consejero de Economía de la Generalitat. En ese momento, estaban en su auge las industrias colectiviza- das y autogestivas, sobre las que se hablará más adelante.

Estas palabras no sólo ponen en evidencia lo dramático de la si- tuación sino también la percepción de que el triunfo es posible. El hecho de que el anarquismo fuera reprimido desde derecha e iz- quierda (como ocurrió en la Unión Soviética) es una muestra de que no fue un movimiento vinculado a una ocasión sino que es- taba destinado a perdurar.

En 1937, Santillán tiene una intervención decisiva para promover
la rendición de las fuerzas anarquistas en la Guerra Civil Española. Posteriormente, estando de regreso en Buenos Aires, se arre-
pentiría de esta decisión.

Tal vez, como lo ha marcado tantas veces Bakunin, el militante
anarquista, con sus autoexigencias de pureza y su fe en la humanidad cometió errores de esos que se pagan caro. Las discusiones metodológicas que hemos visto demuestran que la doctrina
no se vale de cualquier medio, y quizás el anarquismo no encon-
tró el modo de difundirse. Pero algunos fueron peores que otros.

Hombres de bombas llevar

Junto con estos intentos de organización proliferan, entre fines del siglo XIX y principios del XX, grupos aislados que promueven otras formas de acción directa: el atentado. En una época anarquista se convierte en sinónimo de terrorista, y su presencia causa temor en los sectores de poder.

Aunque los anarquistas organizados se negaron a condenar estos continuos atentados, la posición de Malatesta es que toda acción debe enmarcarse en una estrategia política, y la sensación general es que esos atentados responden a impulsos individuales cuya única ambición es la destrucción de algún símbolo del poder del Estado.

El ideólogo e iniciador de esta tendencia fue el ruso Sergio Nietchaiev quien, luego de encontrarse con Bakunin, reúne en San
Petersburgo un grupo de jóvenes para armar conspiraciones,
ayudado por el clima político y social de su país, entre la incertidumbre y la pérdida de los viejos valores.

SERGIO NIETCHAIEV   MIKHAIL BAKUNIN

La propuesta se vincula con el estado de incertidumbre de la intelectualidad rusa que no establece fronteras claras entre una estrategia política y una mirada nihilista sobre el mundo, cuyo único
objetivo es la destrucción.

Mandamientos revolucionarios

Nietchaiev armó un Catecismo revolucionario, que según dicen algunos fue aprobado por el mismo Bakunin (algo que la mayoría desmiente) y que trasmitió a sus discípulos como una guía para la acción, y en el que se detalla toda una serie de acciones destinadas a conseguir el objetivo revolucionario.

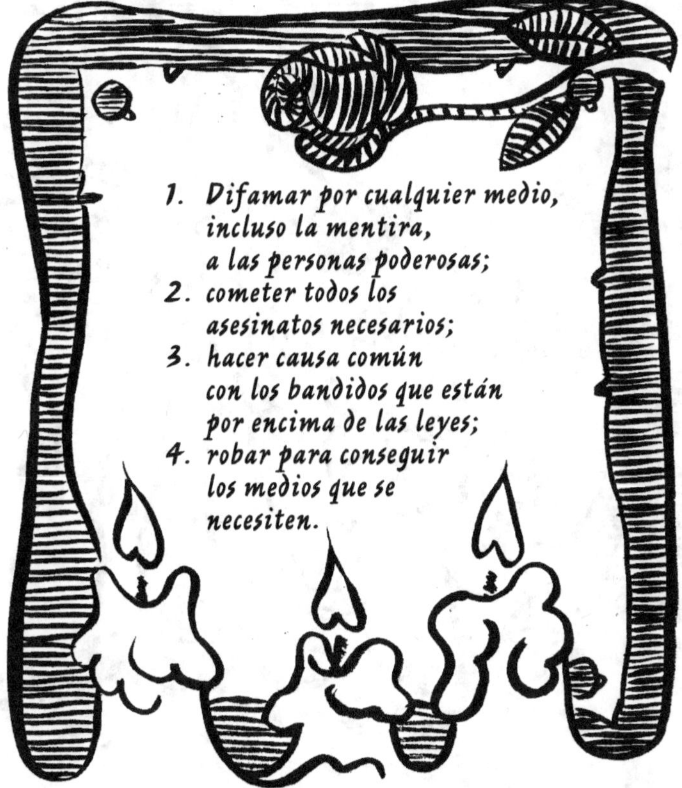

El Catecismo, cuyo mismo nombre revela la confusión entre deber religioso y militancia política, puso en marcha en Rusia una serie de sectas que se dedicaron a atentados constantes, y su ejemplo muy pronto se expandió más allá de las fronteras.

El propio Nietchaiev llevó a la práctica este catecismo. Mata a uno de sus compañeros al que sospecha como delator; luego huye a Suiza desde donde es extraditado a Rusia. Muere en 1872; después de diez años de cárcel en San Petersburgo.

Como pocos casos en la historia, el terror sistemático encuentra en Nietchaiev una teoría y un modelo. Tal vez allí residió la fascinación que ejerció entre sus contemporáneos, incluso entre aquellos que no adherían a las ideas anarquistas.

Dostoievski se inspiró en la figura de Nietchaiev y sus compañeros para una de sus novelas más conocidas, Los demonios (que cuenta la historia de un grupo anarquista violento). Su lucha pasará a la historia con el nombre de nietchvaiévina.

Stavroguin, el protagonista de la obra de Dostoievski, refleja esa situación de inquietud de la intelectualidad rusa, entre un Estado que se descompone, las injusticias seculares del zarismo y las promesas revolucionarias. El mismo contexto de Nietchaiev.

Al borde de la explosión

Persuadidos de que no bastará con la propaganda y la difusión de las ideas para imponer el ideal anarquista, la federación jurásica, reunida en el Congreso de Saint-Imier en 1877, decide apoyar la vía violenta y genera una terrible paranoia en las autoridades europeas.

Se suceden los atentados. En Alemania, un hojalatero y médico atacan al emperador, un obrero español trata de asesinar al rey, un cocinero italiano atenta contra la vida de su monarca. Grupos anarquistas aislados se hacen responsables de las acciones.

Ninguno de estos hombres pertenece orgánicamente al anarquismo, ni los atentados están vinculados a estrategia alguna. Pero la amenaza lanzada por el Congreso de Saint-Imier aparece como el gran justificativo de las bombas y los asesinatos.

La fama anarquista crece de la mano de estos actos. Pero también la vigilancia policial y las leyes represivas. Nietzsche celebra el próximo advenimiento de la época nihilista, donde ya nada será sagrado ni nadie obedecerá ningún símbolo de poder o de sabiduría.

La violencia y la gloria

El nihilista clima de época hace que los atentados sean recibidos con más beneplácito que desaprobación. Los escritores celebran las acciones de estos grupos. El poeta francés Laurent Tailhade hace una encendida defensa de uno de los atentados, basándose en razones estéticas.

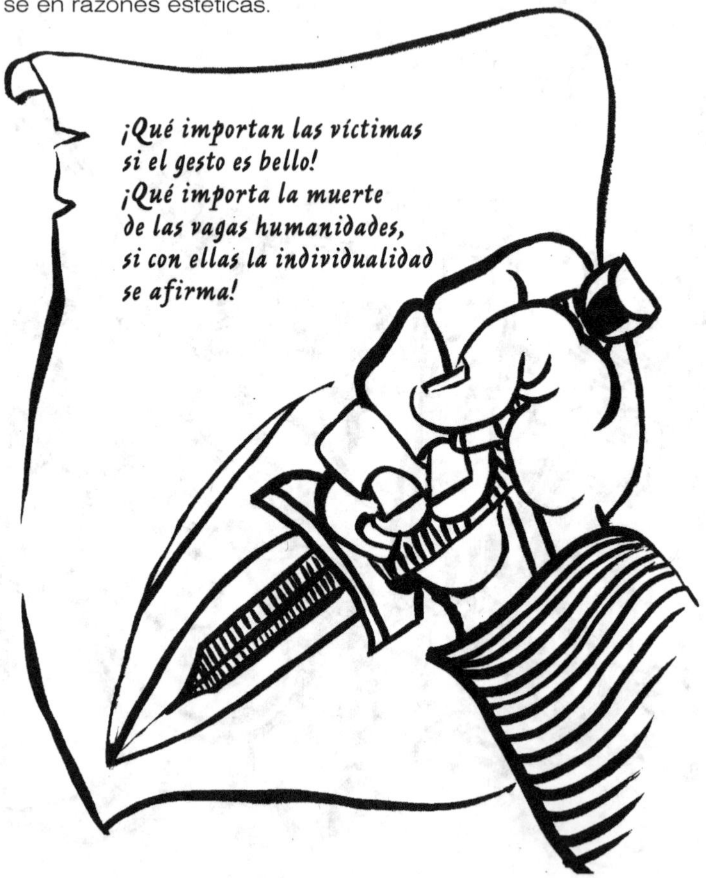

Como era de esperarse, la expresión de Tailhade genera escándalo. Pero él no retrocede ante el proceso que se le inicia por "incitación al asesinato". Cuando el Zar visita París, el poeta sigue con sus desafíos y pasa un año en prisión.

Paradójicamente, Tailhade quedaría herido gravemente en un atentado. Pero no es el único en sentirse fascinado por la violencia; también se puede nombrar al novelista Jean Richepin, quien se une a estas celebraciones.

Heredero confeso de Baudelaire, Richepin es uno de los iniciadores de la canción popular francesa y maestro venerado por Georges Brassens, con lo cual puede verse en él un olvidado antecedente de una nueva mirada sobre el mundo que estallará hacia la década de 1960.

Dinamita y guillotina

En ese contexto, no sorprende que las fronteras entre anarquismo y delincuencia comiencen a borrarse. La historia del francés Ravachol es una muestra entre patética y cómica de esta confusión.

Jean Ravachol profanó una tumba en busca de joyas y asesinó a un devoto que vivía retirado en una ermita, sospechando que escondía allí una fortuna. Atrapado por la policía, se puso a vociferar que "exterminaré a toda la policía para servir a la humanidad". Logra escapar durante un año antes de caer otra vez preso.

Durante su temporada como prófugo, Ravachol se dedica a colocar bombas en los portales de los jueces que participaron en procesos contra los anarquistas y a cometer un par de crímenes más. Para seguir escapando, deja un mensaje anunciando su suicidio.

Ravachol es detenido por la policía en un café por la denuncia de su propietario que lo reconoce. Unos vengadores hacen saltar el bar en pedazos.

La captura de Ravachol fue el resultado de sus vivas a la anarquía. Luego de ser trasladado a varias cárceles, se le inicia el proceso al que asisten, para aplaudirlo, más de quinientas personas. A pesar de las amenazas contra los jueces, es condenado a muerte. Su única respuesta a la sentencia es: "!Viva la anarquía".

Su destino era convertirse en un héroe popular. No sólo muchos periódicos anarquistas asumen su defensa, sino que cantores anónimos componen en su honor canciones que circulan entre el pueblo y que se trasmiten de boca en boca.

Pero esa diversión no era compartida por todos los anarquistas. Sebastian Faure, uno de sus príncipes líderes, hizo pública su preocupación por las consecuencias del atentado contra su grupo. Sin embargo, se hizo cargo del hijo huérfano de Ravachol.

Ravachol es condenado a morir en la guillotina. Luego de esto, es considerado, por los escritores de su tiempo, como un héroe que se ha inmolado en nombre del bien de la humanidad. Se hacen colectas para la familia de sus cómplices.

La ejecución se lleva a cabo a pesar de las noticias de planes de sus compañeros para liberarlo y matar al verdugo. La guillotina interrumpe sus últimas palabras: "Viva la rev...". Pero su ejemplo dejaría huellas.

Lugar común: la muerte

La oleada de atentados no se detiene. La madre del anarquista italiano que asesina al presidente Sadi Carnot recibe una foto de Rachavol, con la leyenda: "Está bien acompañado". En 1893, estalla una bomba lanzaclavos en el palacio legislativo francés. Se cierran las puertas y en el lugar queda atrapado Auguste Vaillant, un desocupado con vínculos anarquistas.

Las mujeres parisinas depositan su ofrenda en la tumba de Vaillant.

Vaillant también deja un testimonio para la posteridad. "Señores –dice a sus jueces–, van a condenarme en pocos minutos, pero al recibir vuestro veredicto tendré al menos la satisfacción de haber herido a la sociedad actual. Tiré la bomba contra aquellos que son los principales responsables de los sufrimientos sociales".

El contraataque no se hizo esperar. Al día siguiente del atentado de Vaillant se votó la primera ley antianarquista. El gobierno francés persiguió los periódicos anarquistas por incitación al crimen. Los socialistas se oponen y señalan a la corrupción como causa del aumento de la adhesión al anarquismo.

Jean Jaurés, el principal diputado socialista no dejó pasar la ocasión de atacar la militancia libertaria: "El día que el mismo barco se lleve hacia las afiebradas tierras del exilio al político venal y al anarquista asesino, aparecerán el uno frente al otro como dos aspectos complementarios de un mismo orden social".

Otra de las consecuencias de las leyes represivas fue que, a partir de entonces, los anarquistas fueron tratados como presos comunes y encerrados en las mismas prisiones con ladrones y criminales de toda especie.

De todos modos, aunque la idea de las autoridades es confundir a unos con otros, en el anarquismo hay una simpatía por los bandidos. El propio Bakunin decía: "El bandido es el revolucionario único y genuino, un revolucionario sin frases exquisitas, infatigable e indomable, un revolucionario popular y social, no político e independiente de todo Estado."

Pero las leyes no pueden detener la ola de atentados. Entre 1893 y 1910 son asesinados la emperatriz Elizabeth de Austria, el presidente del Consejo Español Cánovas del Castillo, el rey Humberto de Italia y William Mc Kinley el presidente de los Estados Unidos.

Pero la policía se aprovecha de la ola de atentados. Una bomba colocada en una procesión en Barcelona es adjudicada a un grupo anarquista. Luego se sabrá que un agente la puso para dar excusas a la tarea represiva. Malatesta sostiene que no ha llegado para el pueblo la hora de las acciones violentas.

Otros caminos

En realidad, el terrorismo de corte nihilista había aislado el anarquismo y se inscribía más en los postulados individualistas de Stirner, quien veía en el crimen una forma de expresar la subjetividad.

Aunque resulte paradójico, la lógica del atentado era defensiva. Se trataba de preservar la individualidad frente al Estado, afirmando, mediante la violencia, que entre uno y otro no había convivencia posible.

Hay otras alternativas para quienes quieren una sociedad libre, a la que sólo es posible llegar con una acción colectiva. Uno de los más preocupados por superar la lógica del atentado fue el francés Fernando Pelloutier (1867-1901).

Como propuesta alternativa, Pelloutier militó en favor de la estrategia de la huelga general. Imaginaba que un país parado por sus trabajadores produciría, en el corto plazo, la caída de los factores de poder.

Trabajar para saber

Paralelamente a la propaganda de la idea de la huelga general, Pelloutier trabajó como secretario de la Bolsa de Trabajo, una institución destinada a proteger y conseguir empleo a los desocupados. Pero llevó su función mucho más lejos.

En definitiva, la Bolsa de Trabajo fue la instancia en la que se procuró instruir a los trabajadores en lo que Pelloutier llamaba "la ciencia de su miseria", es decir, el estudio de las distintas formas de explotación.

Los principales destinatarios de la Bolsa del Trabajo son los hijos del los obreros, a los que se busca transmitir el orgullo por el trabajo manual. Un socialista como Georges Sorel supo definir como pocos el espíritu de este innovador proyecto.

Otro de los proyectos de Pelloutier, no concretado, fue realizar un Museo del Trabajo con el que pretendía mostrar todas las etapas del proceso de producción y el valor del trabajo.

La mayor preocupación era que los trabajadores no creyeran en la necesidad de los capitalistas, a los que calificaba como una clase parasitaria que había puesto el Estado a su servicio.

La labor de Pelloutier, que apoyó desde su propia revista, Ouvriers des deux mondes, fue relevar la situación de los trabajadores en su país y en el mundo. Una especie de enciclopedia anarquista que marca otro rumbo posible de la idea de empezar a cambiar desde abajo.

Pizarrones rebeldes

Una de las preguntas que se fueron haciendo los anarquistas era por qué, si el poder estaba por definición contra el pueblo, éste seguía creyendo en él. ¿Por qué se obedece? Y una de las respuestas que encontraron estaba en el sistema educativo.

Esta convicción llevó a la necesidad de realizar experimentos educativos. El pionero fue el francés Paul Robin, quien fundó el Orfanato de Crempus, donde se enseñaban oficios y se daba una educación anarquista.

Al mismo tiempo, Tolstoi inauguraba la Escuela de Yasnaia Polai-
na, donde se educaban los campesinos de sus propiedades, y en
la cual se trasmitían sus ideas libertarias.

Pero donde el proyecto pedagógico anarquista alcanzó su mayor
expansión fue en España, de la mano de Francisco Ferrer y Guardia, quien fue el creador de la llamada Escuela Modelo y que tuvo
sucursales por toda España, en Europa y en los Estados Unidos.

Educación con todos

Ferrer (1859-1909) fue un autodidacta que armó su proyecto pedagógico reflexionando sobre la educación que se impartía en la
España de su tiempo. Dominada por el clero, la escuela era un lugar donde imperaban la discriminación social, la violencia y los
prejuicios religiosos.

Ante esta política educativa, Ferrer armó una federación de escuelas libres, que ponía el eje en una formación amplia, no espe-
cializada, sin exámenes y, por supuesto, absolutamente laicas.

El rechazo a la educación religiosa le costó la vida a Ferrer. En 1909, se produjo en Barcelona lo que se conoce como la Semana Trágica, una brutal represión ante una protesta por la obligación a participar de una incursión colonial a Marruecos. Ferrer fue señalado como uno de los instigadores.

Pese a las protestas internacionales ante lo que era evidentemente un proceso fraguado y repleto de irregularidades, Ferrer es fusilado tres meses después del juicio.

Los aportes de Ferrer están detrás de varias experiencias pedagógicas que se han sucedido a lo largo del siglo, tratando de crear un clima de libertad en las aulas, sin autoritarismos y buscando que los alumnos encuentren en la escuela una ayuda para encontrar su verdadero camino.

Entre quienes de algún modo continúan esta perspectiva, se puede hablar de Paulo Freire, de la famosa y cuestionada Escuela de Summerhill, en Inglaterra, y del movimiento de objeción a la escuela, que en las décadas de 1960 y 1970 proponía no enviar a los niños al colegio.

Latitud sur

Con la ola emigratoria que afectó a Europa a fines del siglo XIX, llegaron a las costas argentinas no sólo los contingentes de obreros provenientes sobre todo de Italia y España sino también las nuevas ideas.

Al primer entusiasmo de la oligarquía argentina ante la inmigración le sigue muy pronto el rechazo y el temor. El periodista Enrique Rodríguez Larreta describe al anarquismo como una "secta infernal, que no distingue patria, ni instituciones, ni personas, porque todo lo confunde en una misma iracunda maldición".

El temor tenía algunas justificaciones. El anarquismo se hizo fuerte rápidamente, con el impulso del exilio que Malatesta pasó en Buenos Aires. Y en 1896 se desata la gran huelga de los ferrocarriles.

La huelga terminó en una feroz represión que causó siete muertos y más de treinta heridos. Pero marca el punto de partida de la participación anarquista en los sindicatos argentinos que se extendería hasta más allá de 1930.

Afanes presidenciales

También el anarquismo de la acción directa se hace presente en Buenos Aires. Se sospecha que hubo militantes libertarios en el atentado de 1873 contra Sarmiento. Hasta el presidente Julio A. Roca se convertiría en un blanco en 1886.

Otro presidente, Manuel Quintana, sufrirá el ataque, esta vez con un revólver, por parte del tipógrafo catalán Salvador Planas y Virella en 1905. El atentado desata una ola de persecuciones a locales anarquistas.

Aquellos atentados tenían la lógica del magnicidio, tan cara a los seguidores de Stirner. Pero el acto llevado a cabo por Simón Radowitzky el 14 de noviembre de 1909 contra el jefe de policía Ramón L. Falcón tiene otras motivaciones.

Radowitzky fue sentenciado a cadena perpetua en el penal de Ushuaia hasta ser indultado en 1930 por el presidente Hipólito Irigoyen. La escuela actual de policía se llama Ramón L. Falcón.

La secuencia continua de represión y atentados va a tener dos momentos de gran tensión. El primero es la llamada Semana Trágica de 1919. Un movimiento masivo y espontáneo de trabajadores ocupa la ciudad en reclamo de mejoras, luego de una huelga en los talleres Vasena.

En la brutal represión participó la Liga Patriótica, un grupo parapolicial integrado por jóvenes de la alta sociedad. La magnitud de la protesta, que sorprendió a los propios militantes anarquistas, revela el estado de tensión social.

La Patagonia trágica

Dos años después, el escenario será la provincia de Santa Cruz en un episodio que pasó a la historia como "La Patagonia rebelde". Todo comenzó con un pedido de reivindicaciones de los trabajadores de la zona, que el teniente coronel Varela firmó.

Pero los estancieros ingleses no cumplieron ninguna de estas exigencias, lo cual provocó la rebelión de los peones y el regreso de Varela, pero ahora con otro espíritu y otras órdenes.

Varela desató una feroz represión que culminó con el fusilamien-
to de mil quinientos trabajadores, sin juicio previo alguno, y con el
beneplácito del gobierno de Irigoyen y del consulado británico.

Pese a las protestas que se sucedieron en Buenos Aires, nada se
investigó sobre lo ocurrido en la Patagonia, y Varela obtuvo el res-
paldo del gobierno radical a todo lo actuado.

El vengador alemán

Kurt Wilckens tenía, el 25 de enero de 1923, treinta y siete años. Enterado de los sucesos de la Patagonia, y como corresponsal de dos diarios anarquistas alemanes, había decidido hacer justicia. Ese día le arrojó una bomba a Varela cuando salía de su casa.

Wilckens fue atrapado en el lugar del atentado. Le dijo a los policías: "Fui yo solo. Único autor. Fabriqué la bomba sin ayuda". Con las piernas quebradas, no hubo problemas para arrestarlo y llevarlo a la cárcel.

La ola de la venganza no se detiene. Mientras está convaleciente en su cama, un hombre de la Liga Patriótica, vestido con uniforme de guardia, Ernesto Pérez Millán, entra en su celda.

En un momento de la historia argentina en el que la gran ausente era la justicia, el recuerdo de aquellos vengadores anarquistas funcionaba como una señal de que las cosas podían ser de otra manera. Esa es en definitiva, una de las grandes lecciones libertarias: la historia nunca se termina de escribir.

Parte de esa historia quedó oculta, hasta que el afán investigativo de intelectuales como David Viñas y Osvaldo Bayer la trajo desde el olvido. Y los nombres de los luchadores hoy recuperaron su anterior significado.

Anarquía con nombre de mujer

El momento de mayor intensidad del anarquismo coincidió con las luchas por el sufragio femenino. Como la cuestión del voto nunca fue relevante en la doctrina libertaria, el tema de la mujer no fue central hasta la aparición de Emma Goldman (1869-1940).

Goldman fue una de las primeras militantes en favor del control de la natalidad. Inmigrante rusa, llegada a los Estados Unidos escapando de un progrom antisemita, muy pronto descubrió el trasfondo oscuro de esa "tierra de oportunidades".

Empleada como costurera, conoció muy pronto los rigores del trabajo industrial. Pero lo que la volcó al anarquismo fue el proceso por la protesta de Haymarket, en Chicago durante 1886. Había explotado una bomba durante una manifestación y la policía apresó a once militantes anarquistas.

Cuatro de ellos fueron colgados, uno se suicidó y el resto permaneció en prisión. La indignación llevó a la joven Emma a sumarse primero a las luchas sindicales y luego a difundir las ideas libertarias.

El sexo débil en acción

En su militancia, Goldman siguió varios caminos. Primero apostó a la violencia. Su blanco fue uno de los represores de la fábrica Homestead en Pensylvannia. Llegó incluso a trabajar como prostituta para conseguir dinero para el atentado.

Luego de fracasar en el armado del atentado, Emma participó activamente en una campaña contra la conscripción a la Primera Guerra Mundial, lo que le valió ir presa y ser deportada en 1919. Su primer destino fue Rusia, donde acababa de estallar la revolución bolchevique.

Luego del primer entusiasmo por lo que veía, Emma empezó a desconfiar cada vez más del régimen soviético, hasta que el rechazo la invadió. Escribió dos libros contando su experiencia: Mi desilusión con Rusia y Mi posterior desilusión con Rusia.

Emma se exilió entonces en Londres, pero sus planteos le valieron la indiferencia generalizada. En 1936, viajó a España para unirse a las fuerzas anarquistas que luchaban contra el franquismo.

A pesar del aislamiento, Goldmann dedicó su vida a la causa de la mujer, convencida de que una verdadera revolución debería también abolir la opresión entre los sexos. Planteó lo que debían ser los derechos de la mujer en esta sociedad y en la nueva.

Hoy, la figura de Emma Goldman es un referente de los movimientos feministas, porque, adelantándose a su tiempo, supo plantear el lugar de la mujer mucho más allá de la situación legal.

Sacco y Vanzetti.
La solidaridad

En aquella lucha contra la participación en la guerra que le costó el exilio a Emma Goldman había dos trabajadores italianos –Nicola Sacco y Bartolomeo Vanzetti– quienes también habían llegado a los Estados Unidos en busca de pan y libertad.

La expectativa de Sacco y Vanzetti y la de sus sesenta compañeros no se cumplió, y regresaron a los Estados Unidos. Pero varios integrantes de ese grupo creían en la necesidad de producir atentados contra los responsables de la constante represión a los obreros.

Muy pronto colocan una bomba contra un fiscal y provocan una explosión de grandes proporciones en Wall Street, el 16 de septiembre de 1920. Las tareas de inteligencia de la policía norteamericana sindicaban a Sacco y Vanzetti entre los hombres a vigilar.

El jefe de policía de Massachussets enseguida apuntó a la célula anarquista como responsable del asesinato y robo de los pagadores de la fábrica South Bantree, y Sacco y Vanzetti quedaron arrestados, acusados del crimen.

Un juicio injusto

El juicio resultó teñido del clima de paranoia que se vivía en la sociedad estadounidense ante los atentados libertarios y la agudización de las tensiones en la situación social.

JUEZ WEBSTER TAYER

Pese a que las coartadas presentadas por ambos eran válidas, hubo una serie de maniobras que convirtieron el juicio en una forma de represión a la protesta social. No se pudo probar que las balas salieran del arma de Vanzetti. Y se descalificó a los testigos de la defensa por ser italianos y hablar mal el inglés.

Finalmente, se dictó la condena a muerte. Vanzetti hizo un encendido alegato que luego continuaría en sus cartas enviadas desde la prisión a sus amigos y a su familia.

Hubo una lucha de seis años por salvar a Sacco y a Vanzetti de la muerte. Apareció un hombre que tras ser apresado dijo saber quiénes eran los verdaderos responsables de la muerte de los pagadores. Su confesión no fue tomada en cuenta.

El triunfo y la agonía

En la medianoche del 22 de agosto de 1927, Nicola Sacco y Bartolomeo Vanzeti entran en la sala de ejecuciones del Estado de Massachussets. Son puestos en la silla eléctrica mientras se espera en vano el indulto del gobernador.

En 1971, el alcalde de Massachusetts pidió disculpas por el juicio a Sacco y a Vanzetti, y reconoció que fue una estratagema armada para herir de muerte la protesta de los trabajadores. La tragedia de los dos obreros italianos quedó en la historia como una muestra de que el poder no se detiene ante nada cuando se siente en peligro.

También en 1971, se estrenó una película –Sacco y Vanzetti–, protagonizada por Gian María Volonté, que recuperaba del pasado esa terrible historia y que tuvo mucho éxito en su momento.

La canción, interpretada por Joan Baez, uno de los íconos de la música de protesta en los Estados Unidos y participante del primer Woodstock, también tuvo gran suceso. Muy pronto se convirtió en un himno contra la injusticia.

El mundo no asistiría impasible a esta farsa de consecuencias
trágicas. Con poco menos de un siglo de existencia, el anarquismo había conquistado la adhesión de multitudes de trabajadores de todos los países de la Tierra, de Francia a España de
Rusia a los Estados Unidos y a Sudamérica. Y allí se hizo escu-
char la protesta.

El episodio galvanizó la solidaridad internacional y demostró que
no todos estaban conformes en la aparente ausencia de conflic-
tos sociales que hacía sucedido a la Primera Guerra Mundial, y
que generó un clima entre pacífico y festivo al que algunos bauti-
zaron como la "belle époque".

Tierra y libertad

El anarquismo tuvo la oportunidad de llevar a la práctica sus ideas en España entre los años 1936 y 1939. Esa experiencia pasó a la historia como Las comunidades libertarias. Todo comenzó con las milicias obreras que lograron derrotar a las fuerzas fascistas.

La victoria permitió a los campesinos y obreros quedarse con los campos y las fábricas de los fascistas en retirada. Allí nace la idea de la colectivización, siempre decidida en asambleas populares convocadas por la poderosa CNT (Confederación Nacional del Trabajo), de orientación anarquista ya con más de un millón y medio de afiliados.

Esas asambleas eran un modo de pensar una nueva organización de la sociedad y del trabajo. Al mismo tiempo, los campesinos abandonaban viejas ideas sobre el derecho y la propiedad.

Quienes no tuvieran nada que ceder a la comunidad eran admitidos con los mismos derechos y obligaciones que los demás. Lo que se pretendía era que no hubiera jerarquías entre los miembros a partir de su historia anterior.

Ser el propio patrón

Se armaron grupos de trabajo, con un mínimo de cinco hombres, y todos estaban obligados a realizar alguna tarea. La constitución de los grupos era decidida por los propios miembros.

Cada grupo elegía un delegado que participaba de las asambleas, que solían tener una comisión administrativa o un comité de gestión. Eran los encargados de obtener materiales, del intercambio con otras zonas, y de los trabajos públicos, como la construcción de escuelas.

Un enemigo tradicional de los anarquistas españoles sería de una impensada utilidad. Los espacios amplios y ventilados de las iglesias sirvieron de bodegas. Allí se almacenaban los productos del campo y de la industria.

Los miembros de la comunidad recibían un salario, siguiendo el principio de Kropotkin, a cada uno según su necesidad. En algunas comunidades, se estableció un salario familiar, y en otras, no se pagaba en dinero sino en mercancías. Y en otras se podía tomar sin restricciones lo que se necesitara, desde alimentos hasta cigarrillos.

La libertad ajena

La edad para trabajar era de los catorce a los sesenta años, garantizándose a los demás alimentación y cuidados. Hubo algunas quejas de las mujeres que solían recibir un salario menor al de los hombres, sobre todo en el campo.

La integración de las comunidades, a diferencia de lo que ocurría en Rusia, no era obligatoria. La única exigencia para los individualistas era que no podían poseer más tierra de la que podían trabajar y no podían emplear a nadie fuera de su familia. Era una forma de mantener el principio anarquista de que sólo hay libertad donde todos son libres.

El funcionamiento de las colectividades y su expansión en toda España puso en cuestión la vieja idea de que los hombres siempre ambicionan más de lo que tienen.

Las colectividades no producían lo que se conoce como acumulación de capital. Se consumía lo necesario y, de haber excedente, se enviaba a otros lugares que no tenían esas mercaderías. También había traslado de trabajadores hacia las regiones que necesitaran ayuda.

Junto con las colectividades se produjo una modernización de los métodos de cultivo y se establecieron granjas experimentales. Eso generó un incremento de la producción que casi se quintuplicó en ese período.

La campaña de alfabetización fue tan intensa como la de la producción. La educación seguía los principios anarquistas de Francisco Ferrer. También se instalaron bibliotecas, cines y centros comunitarios.

Dar el presente

Las colectividades fueron destruidas cuando triunfó el franquismo, y sus principales dirigentes perseguidos, y encarcelados. Así terminó una de las experiencias más interesantes de organización popular que de algún modo subsiste más tarde en las comunidades hippies.

Con el final de la Guerra Civil Española, el anarquismo se va extinguiendo en el panorama político, aunque quedaron algunas muestras de su tradición y su orgullo.

Más allá de que se siguieran publicando algunos periódicos anarquistas y de que permanecieran locales en distintos lugares del mundo, hubo un último "canto de cisne", asociado con la libertad.

En 1944, el contingente que libera París es el integrado por soldados anarquistas españoles, activos combatientes en el Frente Nacional dirigido por Charles de Gaulle. Sobre una tanqueta –El Guadalajara– fueron los primeros en entrar en la capital francesa, como cuenta Ernest Hemingway.

Pero es cierto que, a partir de 1930, el anarquismo perdió presencia en todo el mundo. Tal vez la razón principal haya sido el lugar que ocupó desde entonces la estructura del Estado. El Estado no sólo gobernó la vida de sus países en los regímenes fascistas y stalinistas, sino que el llamado Estado de Bienestar mostró muy pronto sus límites y contradicciones. Hasta sus más ardientes defensores, como el filósofo alemán Jürgen Habermas lo señalaron.

Estas dificultades de las sociedades organizadas alrededor de un poder estatal provocan que el espíritu anarquista se continúe en otros ámbitos, en especial el cultural, donde lo que se busca es escapar de toda tutela.

Artistas sin sistema

Más allá de las simpatías manifiestas –no tanto– de algunos creadores con el anarquismo –al caso de Tolstoi pueden agregarse los de Oscar Wilde, Aldous Huxley o el argentino Alberto Ghiraldo–, hay algo que trasciende la mera filiación a una idea o a un partido.

La respuesta de Picasso puede entenderse como un rechazo a todo programa para encarar el arte. Y la pronunció en una época en la que los manifiestos artísticos eran moneda corriente.

Hacia 1920, por un lado, el futurismo, liderado por el italiano Filippo Marinetti, y el surrealismo, cuya figura más evidente era el francés André Bretón, escandalizaron al público con sus nuevas propuestas.

Estas vanguardias –con su elogio del individualismo por un lado y de la técnica por el otro– terminaron asociadas a los poderes políticos. El futurismo, con su apasionamiento por la guerra, adhirió al fascismo italiano, mientras que los principales integrantes del surrealismo terminaron integrando el Partido Comunista.

La filosofía en el cabaret

Junto con estos movimientos, surgió un grupo que renegaría de todo método y cuyo mismo nombre revela su rechazo a quedar atrapado en cualquier convención social: Dadá.

Estas palabras sin sentido se pronunciaban en un ámbito que buscaba destruir toda significación en el lenguaje. Como si se llevara al terreno del arte la fórmula de Bakunin: "Toda construcción es primero una destrucción".

Los dadaístas buscaban, mediante el sinsentido, la aparición azarosa de una nueva realidad, diferente a la tragedia en la que vivían.

No es casual que uno de los principales dadaístas, Hugo Ball, fuera el traductor al alemán de las obras de Bakunin. El espíritu anarquista sobrevive en esta forma de la vanguardia, cuya rebeldía absoluta la llevó a la desaparición.

En otra situación

La astucia de ciertas ideas es simular que desaparecen y volver a hacerse presentes cuando nadie las espera. Así como el anarquismo se continuó por vía Dadá, el dadaísmo formó parte de una trama secreta.

El movimiento situacionista, liderado en París por Guy Débord durante la década de 1950, llevó al extremo el sinsentido de Dadá. Una proyección la pantalla en negro y diálogos absurdos fue la carta de presentación.

El siguiente acto fue atacar a Charles Chaplin en su visita a París para promocionar su película Candilejas. Denunciando a quien consideraban el máximo exponente del sentimentalismo, los situacionistas ponían en claro a dónde apuntaban.

Despreciados al principio como excéntricos, los situacionistas fueron ganando adeptos. Guy Debord teorizó sobre la sociedad del espectáculo donde todo está previamente armado y donde la libertad sólo se encuentra fuera de ella.

El espectáculo no debe continuar

El situacionismo fue dejando su política de provocaciones para pasar a difundir sus ideas sobre la sociedad de la posguerra. Para ellos "la política era un quiosco de feria; la cultura, un cadáver ambulante; la economía, un truco".

Con su ingreso en el ámbito universitario, el situacionismo fue uno de los principales antecedentes del Mayo del 68, en Francia. Los estudiantes se unieron a las propuestas de un movimiento anticapitalista que buscaba la abolición del trabajo.

Los hechos de ese Mayo llevaron a la práctica la idea de crear nuevas situaciones fuera de la lógica de la sociedad del espectáculo,
donde todo está destinado a entronizar al poder.

Uno de los principales legados de Mayo del 68 es una multitud
de consignas que sigue sorprendiendo hasta hoy, muchas de
las cuales recogen ideas anarquistas: "Ni Dios ni Amo", "La destrucción es la alegría de crear", "La libertad de los demás aumenta mi libertad".

Pedir lo imposible

La espontaneidad del movimiento sorprendió al gobierno que lanzó una fuerte represión por las calles de París, a medida que se sumaban fábricas y universidades tomadas.

El movimiento siguió en otras partes del mundo, con la oposición a la guerra de Vietnam en los Estados Unidos y las luchas por mayores libertades en Latinoamérica.

Si bien los hechos del Mayo francés parecen no haber dejado secuelas políticas evidentes (la derecha siguió en el poder), las nuevas ideas que surgieron de allí quedaron marcadas por dos problemas: el del poder y el de la libertad.

Para Foucault, las relaciones de poder en el comunismo de la Unión Soviética y de China eran las mismas que en cualquier sociedad occidental, tanto en lo referido a la familia, como al trabajo, la sexualidad y la educación.

Para la otra figura del llamado postestructuralismo, Gilles Deleuze, la libertad está limitada por la exigencia social que se nos hace de tener una identidad determinada que condiciona el rumbo de nuestra vida.

En definitiva, de lo que se trata es de encontrar un camino nunca terminado a la libertad y que pasa por disolverse permanentemente en otras identidades, en nunca ser lo que se espera de nosotros.

Revolución
y alfileres de gancho

En esta deriva secreta del anarquismo por caminos imprevistos, su próxima aparición es en el lugar menos esperado: la escena del rock a mediados de la década de 1970.

El punk, surgido en Inglaterra como una reacción contra una escena rockera que languidecía, tuvo muchas formas de expresión, entre ellas la anarquía.

El rock que había empezado como un movimiento rebelde, había pactado cada vez más con el negocio del disco, y muchos de los que ocupaban la escena nada decían de lo que pasaba con la juventud.

El punk venía a hablar de la realidad, como reconocería Peter Towshend, líder de uno de los grupos de rock histórico, The Who: "Cuando escuchas a los Sex Pistols y sus canciones, lo que de inmediato te sorprende es que esto está sucediendo realmente".

Dios hunda a la reina

El punk fue un movimiento diverso en sus actitudes (hubo muchas discusiones porque algunos grupos usaban esvásticas). Y sus adeptos tampoco tenían esperanzas de que cambiara el mundo.

Lo suyo fue el rechazo a lo que le proponían, sin plantear alternativas. El mundo les parecía un lugar complejo y oscuro, lo que no impidió que tuvieran serios problemas con las autoridades y con el establishment.

La aparición del disco God Save The Queen de los Sex Pistols con un retrato de la reina Isabel II con la boca atravesada por un alfiler de gancho y una versión punk (en letra y música) del himno británico provocó adhesiones, rechazos, y también una renovada mirada sobre el mundo de las jerarquías.

Los Sex Pistols fueron quienes lograron plantear un mensaje más claro, gracias a la participación de su productor Malcom McLaren, quien continuó los planteos de los situacionistas. Decía: "Para crear, primero necesito destruir. Destrucción para una creación más honesta. Los punks son malos, pero no piden disculpas".

La reaparición de las actitudes anarquistas en la cultura y en el pensamiento no debe considerarse una derrota sino un síntoma de que los sistemas triunfantes sólo provocan malestar. Un malestar y una infelicidad que no se resigna al silencio.

Las formas actuales del anarquismo, conscientes de ese malestar, han recuperado la alegría y el espíritu de lucha. También han sabido unir sus planteos con otras zonas de la protesta social.

Un planeta en peligro

La ecología es uno de esos campos, por mucho tiempo territorio de las buenas conciencias. El anarquista norteamericano Murray Boochkin ha sabido darle una nueva vuelta de tuerca al problema de la devastación del planeta.

Para Boochkin, el establecimiento de jerarquías en el mundo de la naturaleza (hablar, por ejemplo, de "el rey de la selva") es una proyección de cómo funciona nuestro medio social.

También la acción del hombre corre paralela entre sociedad y naturaleza. La sociedad se vuelve más burocrática y la naturaleza más inorgánica por la destrucción a que son sometidas distintas áreas del planeta.

El remedio a esta situación es, para Boochkin, la anarquía, que no es sinónimo de caos, sino una voluntad férrea de no ceder en los principios que son tan simples como naturales: cooperación, diversidad, libertad fuera de todo esquema autoritario.

El mundo en manos propias

Un nuevo aporte como el de Boochkin coincide con la necesidad que plantean los grupos anarquistas actuales de unirse a todas las luchas justas por un mundo mejor.

La experiencia ha mostrado que la rica historia libertaria tiene todavía algo que decir en un mundo que sigue luchando contra la opresión, la homogeneidad cultural y la miseria.

Índice temático

Marcos Mayer (Buenos Aires, 1952), es periodista, docente y escritor. Es autor, entre otros, de Remiendos del paraíso (ganador de la Beca Antorchas); Escritos esenciales del Che Guevara; Ahora el humor (entrevistas a humoristas argentinos); un texto crítico acerca de Sobre héroes y tumbas, de Ernesto Sábato. Ha preparado y prologado numerosas antologías, y publicado varios cuentos en libros y revistas. Dirige la colección Postales en la editorial Paidós. Además, es traductor y enseña periodismo en el Centro Universitario Devoto.
marmayer@hotmail.com

Sanyú es el seudónimo de Héctor Alberto Sanguiliano, ilustrador e historietista que publica desde 1974 en las principales editoriales del país. Realizó adaptaciones de la literatura a la historieta, dictó cursos, fue jurado, organizó dos muestras sobre la historieta argentina y, en 1999, presentó su exposición "25 años", que resumía su trayectoria. Es autor de dos libros, Letras escogidas (Adaptaciones. Doedytores, 1995) y 100 años de historieta en el mundo. La historieta en la historia argentina (Aiglé Ediciones, 1997). Ilustró Sociología para Principiantes, Economía para Principiantes y Umberto Eco para Principiantes.
sanyu@fibertel.com.ar